Libro de cocina para diabéticos

El libro de cocina completo sobre la diabetes, con sabrosas y deliciosas recetas para controlar la diabetes de tipo 2

Índice de contenidos

—

La información contenida en las siguientes páginas se considera, en términos generales, una exposición veraz y exacta de los hechos y, como tal, cualquier falta de atención, uso o mal uso de la información en cuestión por parte del lector hará que cualquier acción resultante sea únicamente de su incumbencia. No existe ningún escenario en el que el editor o el autor original de esta obra puedan ser considerados de alguna manera responsables de cualquier dificultad o daño que pueda ocurrirles después de emprender la información aquí descrita.

Además, la información contenida en las páginas siguientes tiene únicamente fines informativos, por lo que debe considerarse universal. Como corresponde a su naturaleza, se presenta sin garantía de su validez prolongada ni de su calidad provisional. Las marcas comerciales que se mencionan se hacen sin el consentimiento por escrito y no pueden considerarse en modo alguno como un respaldo del titular de la marca.

Introducción

La diabetes mellitus, comúnmente conocida sólo como diabetes, es una enfermedad que afecta a nuestro metabolismo. La característica predominante de la diabetes es la incapacidad de crear o utilizar la insulina, una hormona que traslada el azúcar de nuestras células sanguíneas al resto de las células de nuestro cuerpo. Esto es crucial para nosotros porque dependemos de ese azúcar en sangre para alimentar nuestro cuerpo y proporcionarle energía. Un nivel alto de azúcar en sangre, si no se trata, puede provocar graves daños en los ojos, los nervios, los riñones y otros órganos importantes. Hay dos tipos principales de diabetes, la de tipo 1 y la de tipo 2, siendo esta última la más común de las dos, ya que más del 90% de los diabéticos la padecen (Centros para el Control y la Prevención de Enfermedades, 2019).

La **diabetes de tipo 1** es una enfermedad autoinmune. En los casos de diabetes de tipo 1, el sistema inmunitario ataca las células del páncreas responsables de la producción de insulina. Aunque no se sabe con certeza cuál es la causa de esta reacción, muchos expertos creen que está provocada por una deficiencia genética o por infecciones víricas que pueden desencadenar la enfermedad.

HOW DOES INSULIN WORK?

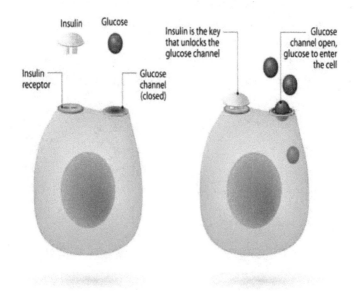

La **diabetes de tipo 2** es un trastorno metabólico, aunque las investigaciones sugieren que puede justificar su reclasificación como enfermedad autoinmune también. Las personas que padecen diabetes de tipo 2 tienen una gran resistencia a la insulina o una incapacidad para producir suficiente insulina. Los expertos creen que la diabetes de tipo 2 es el resultado de una predisposición genética en muchas personas, que se ve agravada por la obesidad y otros factores ambientales.

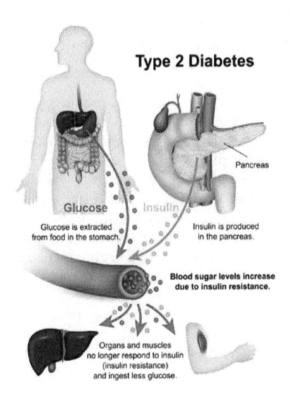

Diagnóstico

El diagnóstico de la diabetes ha avanzado increíblemente en las últimas décadas. En la actualidad, existen dos pruebas principales para diagnosticar la diabetes: la prueba de glucosa en plasma en ayunas (FPG) y la prueba de hemoglobina A1c. La prueba de FPG mide los niveles de azúcar en sangre después de un período de ayuno de ocho horas; esto ayuda a mostrar si su cuerpo está procesando la glucosa a un ritmo saludable.

La prueba A1c muestra sus niveles de azúcar en sangre durante los últimos tres meses. Para ello, analiza la cantidad de glucosa que transporta la hemoglobina de sus glóbulos rojos. La hemoglobina tiene una vida útil de aproximadamente tres meses; esto nos permite analizarlos para ver durante cuánto tiempo han estado transportando la glucosa y en qué cantidad.

Síntomas

En la diabetes de tipo 1, la lista de síntomas puede ser extensa, con indicadores tanto graves como menos evidentes. A continuación, enumeraré los síntomas más comunes, así como otras posibles complicaciones de la diabetes tipo 1:

• Sed excesiva: La sed excesiva es uno de los indicadores menos notables de la diabetes tipo 1. Está provocada por un nivel elevado de azúcar en sangre (hiperglucemia).

Orinar **con frecuencia:** La micción frecuente se debe a que los riñones no pueden procesar toda la glucosa en la sangre; esto obliga al cuerpo a intentar eliminar el exceso de glucosa a través de la orina.

• **Fatiga:** La fatiga en los pacientes con diabetes tipo 1 está causada por la incapacidad del cuerpo para procesar la glucosa para obtener energía.

SYMPTOMS OF TYPE 1 DIABETES

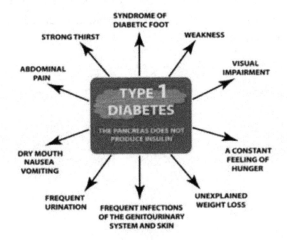

• **Hambre excesiva:** Los que sufren de diabetes tipo 1 suelen tener hambre persistente y aumento del apetito. Esto se debe a que el cuerpo está desesperado por obtener glucosa a pesar de su incapacidad para procesarla sin insulina.

• Visión nublada **o poco clara:** Las fluctuaciones rápidas de los niveles de azúcar en sangre pueden provocar una visión nublada o borrosa. Las personas que padecen diabetes de tipo 1 sin tratar son incapaces de controlar de forma natural sus niveles de azúcar en sangre, por lo que las fluctuaciones rápidas son algo muy habitual.

• Pérdida **rápida de peso:** La pérdida rápida de peso es probablemente el síntoma más notable de la diabetes tipo 1. A medida que el cuerpo se queda sin glucosa, recurre a la descomposición de los músculos y la grasa para mantenerse. Esto puede llevar a una pérdida de peso increíblemente rápida en los casos de diabetes tipo 1.

• Cetoacidosis: La cetoacidosis es una complicación potencialmente mortal de la diabetes tipo 1 no tratada. En respuesta a la falta de glucosa que llega a los músculos y órganos, el cuerpo empieza a descomponer la grasa y el músculo en una fuente de energía llamada cetonas, que pueden quemarse sin necesidad de insulina. Las cetonas suelen estar perfectamente en cantidades normales. Pero, cuando el cuerpo está hambriento, puede acabar inundándose de cetonas en un intento de abastecerse de combustible; la acidificación de la sangre que sigue a esta afluencia de moléculas ácidas puede provocar afecciones más graves, un coma o la muerte.

En los casos de diabetes de tipo 2, los síntomas tienden a desarrollarse más lentamente y suelen ser leves al principio. Algunos de los primeros síntomas se asemejan a los de la diabetes de tipo 1 y pueden incluir:

• **Hambre excesiva:** De forma similar a la diabetes tipo 1, los que padecemos diabetes tipo 2 sentiremos hambre constante. De nuevo, esto se debe a que nuestro cuerpo busca combustible debido a nuestra incapacidad para procesar la glucosa.

• **Fatiga y niebla mental:** Dependiendo de la gravedad de la escasez de insulina en los enfermos de tipo 2, pueden sentir fatiga física y una niebla mental durante su día promedio.

• **Orinar con frecuencia:** Otro síntoma de la diabetes tipo 1 y 2. La micción frecuente es simplemente la forma en que el cuerpo intenta deshacerse del exceso de glucosa.

• Boca **seca y sed constante:** No está claro cuál es la causa de la boca seca en los diabéticos, pero está estrechamente relacionada con los niveles altos de azúcar en sangre. La sed constante se debe no sólo a la sequedad de boca, sino también a la deshidratación que provoca la micción frecuente.

• **Picor en la piel:** El picor de la piel, especialmente alrededor de las manos y los pies, es un signo de polineuropatía (daño nervioso diabético). Además de ser un signo de un posible daño nervioso, el picor puede ser un signo de altas concentraciones de citoquinas circulando en el torrente sanguíneo; estas son moléculas inflamatorias que pueden provocar picor. Las citoquinas son proteínas de señalización y reguladores hormonales que suelen liberarse en grandes cantidades antes de que se produzca el daño nervioso.

SYMPTOMS OF TYPE 2 DIABETES

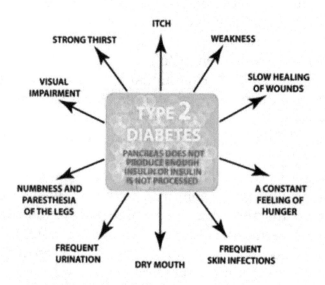

STRONG THIRST

ITCH

WEAKNESS

VISUAL IMPAIRMENT

SLOW HEALING OF WOUNDS

TYPE 2 DIABETES

PANCREAS DOES NOT PRODUCE ENOUGH INSULIN OR INSULIN IS NOT PROCESSED

NUMBNESS AND PARESTHESIA OF THE LEGS

A CONSTANT FEELING OF HUNGER

FREQUENT URINATION

DRY MOUTH

FREQUENT SKIN INFECTIONS

A medida que la diabetes de tipo 2 avanza y se agrava, los síntomas pueden ser muy molestos y peligrosos. Algunos de estos síntomas avanzados son:

• **Cicatrización lenta de hematomas, cortes y abrasiones:** Muchas personas que padecen diabetes de tipo 2 tienen el sistema inmunitario deteriorado debido a la falta de energía disponible en el organismo. Además de la falta de energía, muchos diabéticos tienen una circulación lenta provocada por los altos niveles de glucosa en sangre. Ambos factores conducen a un proceso de curación mucho más lento y a un mayor riesgo de infección.

• **Infecciones por hongos:** En las mujeres con diabetes tipo 2, las posibilidades de sufrir infecciones por hongos son mucho mayores que en las mujeres no diabéticas. Esto se debe a los elevados niveles de azúcar en sangre y a la disminución de la respuesta del sistema inmunitario.

• **Neuropatía o entumecimiento:** Los niveles elevados de azúcar en sangre a largo plazo pueden provocar graves daños en los nervios de los adultos con diabetes. Se cree que alrededor del 70 por ciento de las personas con diabetes tipo 2 tienen alguna forma de neuropatía (Hoskins, 2020). La neuropatía diabética se caracteriza por el entumecimiento de las extremidades, específicamente alrededor de los pies y los dedos.

• **Manchas oscuras en la piel (acantosis nigricans):** Algunas personas con diabetes de tipo 2 pueden tener unos niveles de insulina en sangre muy superiores a los normales, ya que su organismo es incapaz de utilizarla debido a la resistencia a la insulina. Este aumento de la insulina en el torrente sanguíneo puede hacer que algunas células de la piel se reproduzcan en exceso y que se formen manchas oscuras en la piel.

Complicaciones

Las complicaciones graves de la diabetes pueden ser debilitantes y mortales. Tanto la diabetes de tipo 1 como la de tipo 2 pueden provocar graves afecciones neurológicas, cardiovasculares y ópticas. Algunas de las complicaciones más comunes de la diabetes avanzada son las siguientes:

• Ataques al corazón: La diabetes está directamente relacionada con una mayor tasa de ataques cardíacos en adultos. Los niveles elevados de glucosa en sangre dañan con el tiempo las células y los nervios que rodean el corazón y los vasos sanguíneos, lo que puede provocar la formación de una plétora de enfermedades cardíacas.

• Cataratas: Las personas con diabetes tienen una probabilidad casi un 60 por ciento mayor de desarrollar cataratas más adelante en la vida si su diabetes no se controla (Diabetes.co.uk, 2019a). Los médicos no están seguros de la razón exacta por la que las cataratas se forman a un ritmo mayor en los pacientes con diabetes, pero muchos creen que tiene que ver con las menores cantidades de glucosa disponibles para las células que alimentan nuestros ojos.

Enfermedad arterial periférica (EAP): Esta es una diabetes muy común y Esto provoca una disminución del flujo sanguíneo, lo que conduce a problemas graves en la parte inferior de las piernas, a menudo resultando en la amputación.

• Nefropatía diabética: La nefropatía diabética se produce cuando los niveles elevados de glucosa en sangre dañan partes de los riñones, que son los encargados de filtrar la sangre. Esto hace que sus riñones desarrollen enfermedades renales crónicas y se descompongan con el tiempo, lo que lleva a la insuficiencia.

• **Glaucoma:** La diabetes puede causar glaucoma en los enfermos debido a los altos niveles de azúcar en la sangre y esto daña directamente los vasos sanguíneos de los ojos. Cuando el cuerpo intenta reparar estos vasos, puede causar glaucoma en el iris donde se ha producido el daño.

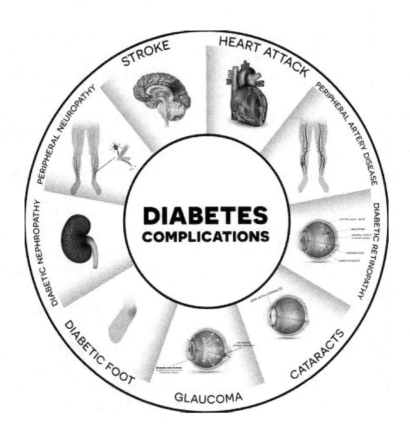

Tratamiento

Los tratamientos para la diabetes varían en función del tipo, el número y la gravedad de las complicaciones y la salud del paciente en general. Por suerte, la diabetes ha sido estudiada durante mucho tiempo por la comunidad médica y, por lo tanto, hay una gran cantidad de recursos y tratamientos disponibles.

Para la diabetes de tipo 1, los suplementos de insulina son esenciales. Los diabéticos de tipo 1 dependen de las inyecciones diarias de insulina; algunos prefieren una bomba de insulina, más cara pero más fácil de usar. Las necesidades de insulina de los diabéticos de tipo 1 varían a lo largo del día según la alimentación y el ejercicio. Esto significa que muchos diabéticos de tipo 1 se miden regularmente los niveles de azúcar en sangre para evaluar si sus necesidades de insulina están cubiertas.

Algunos diabéticos de tipo 1 desarrollan resistencia a la insulina tras años de inyecciones. Esto significa que la medicación oral para la diabetes, como la metformina, se prescribe cada vez más a los diabéticos de tipo 1 para ayudar a prevenir la resistencia a la insulina.

La diabetes de tipo 2 puede controlarse sin medicación en algunos casos. Muchos diabéticos de tipo 2 pueden autorregular sus niveles de azúcar en sangre mediante una alimentación cuidadosa y un ejercicio ligero. A la mayoría de los diabéticos de tipo 2 se les recomienda seguir dietas bajas en grasas, con alto contenido en fibra y carbohidratos saludables.

Algunos diabéticos de tipo 2 necesitan medicación. A diferencia del tipo 1, la insulina no es tan necesaria para el tipo 2. Sin embargo, algunos diabéticos de tipo 2 necesitan insulina para complementar la cantidad reducida que puede proporcionar su páncreas.

La medicación más habitual para los diabéticos de tipo 2 es la metformina. Este medicamento ayuda a reducir los niveles de glucosa en sangre y a mejorar la sensibilidad a la insulina. Otros fármacos prescritos a los diabéticos de tipo 2 son las sulfonilureas, las tiazolidinedionas y las meglitinidas, que ayudan a aumentar la producción o la sensibilidad a la insulina.

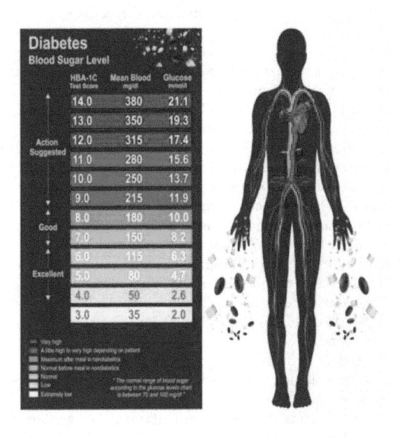

10 consejos para controlar la diabetes

- **Coma menos sal:** La sal puede aumentar las probabilidades de tener la presión arterial alta, lo que conlleva un aumento de las posibilidades de sufrir enfermedades cardíacas y accidentes cerebrovasculares.
- **Sustituir el azúcar:** Sustituye el azúcar por edulcorantes sin calorías. Eliminar el azúcar te da mucho más control sobre tus niveles de azúcar en sangre.
- Suprimir **el alcohol:** El alcohol tiende a ser alto en calorías, y si se bebe con el estómago vacío con la medicación de la insulina, puede causar caídas drásticas de azúcar en la sangre.
- **Manténgase físicamente activo:** La actividad física disminuye el riesgo de problemas cardiovasculares y aumenta la tasa de quema de glucosa natural de su cuerpo.
- **Evita las grasas saturadas:** Las grasas saturadas, como la mantequilla y la bollería, pueden provocar problemas de colesterol y de circulación sanguínea.
- **Utilice aceite de canola o de oliva:** Si necesitas usar aceite en tu cocina, usa aceite de canola o de oliva. Ambos tienen un alto contenido en ácidos grasos beneficiosos y grasas monoinsaturadas.
- **Bebe agua:** El agua es, con diferencia, la bebida más saludable que puedes tomar. Beber agua ayuda a regular los niveles de azúcar e insulina en la sangre.
- Asegúrate de **consumir suficiente vitamina D:** La vitamina D es una vitamina crucial para controlar los niveles de azúcar en sangre. Consume alimentos ricos en esta vitamina o pregunta a tu médico por los suplementos.
- **Evite los alimentos procesados:** Los alimentos procesados suelen tener un alto contenido en aceites vegetales, sal, granos refinados u otros aditivos poco saludables.

• **Bebe café y té:** El café y el té no sólo son grandes supresores del hambre para las personas que hacen dieta, sino que contienen importantes antioxidantes que ayudan a proteger las células.

Recetas para el desayuno

Huevos endiablados con jalapeños picantes

Tiempo de preparación: 5 minutos
Tiempo de cocción: 5 minutos
Porciones: 4
Ingredientes

- 4 huevos enteros grandes, duros
- 2 cucharadas de mayonesa Keto-Friendly
- ¼ de taza de queso cheddar rallado
- 2 rebanadas de tocino cocido y desmenuzado
- 1 jalapeño, en rodajas

Direcciones:

1. Cortar los huevos por la mitad, retirar la yema y ponerlos en un bol
2. Colocar las claras de huevo en una bandeja
3. Mezclar el resto de los ingredientes y triturarlos con las yemas de huevo
4. Transferir la mezcla de yemas a las claras de huevo
5. Sirve y disfruta.

La nutrición:
Calorías: 176
Grasa: 14g
Carbohidratos: 0.7g
Proteínas: 10g

Gachas deliciosas

Tiempo de preparación: 15 minutos
Tiempo de cocción: Nulo
Raciones: 2
Ingredientes

- 2 cucharadas de harina de coco
- 2 cucharadas de proteína de vainilla en polvo
- 3 cucharadas de harina de linaza dorada
- 1 y 1/2 tazas de leche de almendras, sin endulzar
- Eritritol en polvo

Direcciones:

1. Tome un bol y mezcle la harina de linaza, la proteína en polvo, la harina de coco y mezcle bien
2. Añadir la mezcla a la cacerola (colocada a fuego medio)
3. Añadir la leche de almendras y remover, dejar que la mezcla espese
4. Añade la cantidad de edulcorante que desees y sirve
5. Que lo disfrutes.

La nutrición:
Calorías: 259
Grasa: 13g
Carbohidratos: 5g
Proteínas: 16g

Batido de chocolate y macadamia salado

Tiempo de preparación: 5 minutos
Tiempo de cocción: Nulo
Porciones: 1
Ingredientes

- 2 cucharadas de nueces de macadamia saladas
- 1/3 de taza de proteína de suero de leche de chocolate en polvo, baja en carbohidratos
- 1 taza de leche de almendras, sin endulzar

Direcciones:

1. Añade los ingredientes de la lista a tu batidora y bate hasta que tengas una mezcla homogénea
2. Relájate y disfrútalo.

La nutrición:
Calorías: 165
Grasa: 2g
Carbohidratos: 1g
Proteínas: 12g

Huevos al horno con albahaca y tomate

Tiempo de preparación: 10 minutos
Tiempo de cocción: 15 minutos
Porciones: 4
Ingredientes

- 1 diente de ajo picado
- 1 taza de tomates enlatados
- ¼ de taza de hojas de albahaca fresca, cortadas en trozos grandes
- 1/2 cucharadita de chile en polvo
- 1 cucharada de aceite de oliva
- 4 huevos enteros
- Sal y pimienta al gusto

Direcciones:

1. Precaliente su horno a 375 grados F
2. Coge una fuente de horno pequeña y engrásala con aceite de oliva
3. Añade el ajo, la albahaca, los tomates y el aceite de oliva en un plato y remueve
4. Colocar los huevos en un plato, manteniendo el espacio entre ambos
5. Espolvorear todo el plato con sal y pimienta
6. Colocar en el horno y cocinar durante 12 minutos hasta que los huevos estén cuajados y los tomates burbujeen
7. Servir con albahaca por encima
8. Que lo disfrutes.

La nutrición:
Calorías: 235

Grasa: 16g
Carbohidratos: 7g
Proteínas: 14g

Gachas de canela y coco

Tiempo de preparación: 5 minutos
Tiempo de cocción: 5 minutos
Porciones: 4
Ingredientes

- 2 tazas de agua
- 1 taza de nata líquida al 36%
- 1/2 taza de coco seco sin azúcar, rallado
- 2 cucharadas de harina de linaza
- 1 cucharada de mantequilla
- 1 y 1/2 cucharadita de stevia
- 1 cucharadita de canela
- Sal al gusto
- Toppings como los arándanos

Direcciones:

1. Añade los ingredientes de la lista en una olla pequeña y mézclalos bien
2. Ponga la olla en la estufa y colóquela a fuego medio-bajo
3. Llevar a la mezcla a un lento hervor
4. Remover bien y retirar del fuego
5. Dividir la mezcla en porciones iguales y dejarlas reposar durante 10 minutos
6. Añada los ingredientes que desee y disfrute.

La nutrición:

Calorías: 171
Grasa: 16g
Carbohidratos: 6g
Proteínas: 2g

Una tortilla de acelgas

Tiempo de preparación: 5 minutos
Tiempo de cocción: 5 minutos
Porciones: 4
Ingredientes

- 4 huevos ligeramente batidos
- 4 tazas de acelgas, cortadas en rodajas
- 2 cucharadas de mantequilla
- 1/2 cucharadita de sal de ajo
- Pimienta fresca

Direcciones:

1. Coge una sartén antiadherente y ponla a fuego medio-bajo
2. Una vez que se derrita la mantequilla, añada las acelgas y remueva para que se cocinen durante 2 minutos
3. Vierta el huevo en la sartén y revuélvalo suavemente en las acelgas
4. Condimentar con sal de ajo y pimienta
5. Cocinar durante 2 minutos
6. Sirve y disfruta.

La nutrición:
Calorías: 260
Grasa: 21g
Carbohidratos: 4g
Proteínas: 14g

Tortilla de queso baja en carbohidratos

Tiempo de preparación: 5 minutos

Tiempo de cocción: 5 minutos

Porciones: 5

Ingredientes

- 2 huevos enteros
- 1 cucharada de agua
- 1 cucharada de mantequilla
- 3 rodajas finas de salami
- 5 hojas de albahaca fresca
- 5 rodajas finas de tomates frescos maduros
- 2 onzas de queso mozzarella fresco
- Sal y pimienta según sea necesario

Direcciones:

1. Tome un tazón pequeño y bata los huevos y el agua
2. Coge una sartén antiadherente y ponla a fuego medio, añade la mantequilla y deja que se derrita
3. Vierta la mezcla de huevos y cocine durante 30 segundos
4. Unte la mitad de la mezcla de huevos con rodajas de salami y cubra con queso, tomates y rodajas de albahaca
5. Sazonar con sal y pimienta según su gusto

---

6. Cocer durante 2 minutos y doblar el huevo con la mitad vacía

7. Tapa y cocina en LOW durante 1 minuto

8. Sirve y disfruta.

La nutrición:

- Calorías: 451
- Grasa: 36g
- Carbohidratos: 3g
- Proteínas:33g

Batido de yogur y col rizada

Porciones: 1
Tiempo de preparación: 10 minutos
Ingredientes:

- 1 taza de yogur de leche entera
- 1 taza de col rizada pequeña
- 1 paquete de stevia
- 1 cucharada de aceite MCT
- 1 cucharada de semillas de girasol
- 1 taza de agua

Direcciones:

1. Añade los ingredientes de la lista a la batidora
2. Mezclar hasta obtener una textura suave y cremosa
3. Sírvelo frío y disfrútalo.

La nutrición:
Calorías: 329
Grasa: 26g
Carbohidratos: 15g
Proteínas: 11g

Envoltura de tocino y pollo al ajo

Tiempo de preparación: 15 minutos
Tiempo de cocción: 10 minutos
Porciones: 4
Ingredientes

- 1 filete de pollo, cortado en dados pequeños
- 8-9 lonchas finas de bacon, cortadas en cubos
- 6 dientes de ajo picados

Direcciones:

1. Precaliente su horno a 400 grados F
2. Forrar una bandeja de horno con papel de aluminio
3. Añade el ajo picado a un bol y frota cada pieza de pollo con él
4. Envuelve cada bocado de pollo al ajillo con un trozo de tocino
5. Asegurar con un palillo de dientes
6. Pasar los bocados a la bandeja de horno, dejando un poco de espacio entre ellos
7. Hornear durante unos 15-20 minutos hasta que estén crujientes
8. Sirve y disfruta.

La nutrición:

- Calorías: 260
- Grasa: 19g
- Carbohidratos: 5g
- Proteínas: 22g

Plato de pollo a la parrilla

Tiempo de preparación: 5 minutos
Tiempo de cocción: 10 minutos
Porciones: 6
Ingredientes

- 3 pechugas de pollo grandes, cortadas por la mitad a lo largo
- 10 onzas de espinacas, congeladas y escurridas
- 3 onzas de queso mozzarella semidesnatado
- 1/2 taza de pimientos rojos asados, cortados en tiras largas
- 1 cucharadita de aceite de oliva
- 2 dientes de ajo picados
- Sal y pimienta según sea necesario

Direcciones:

1. Precaliente su horno a 400 grados Fahrenheit
2. Cortar 3 pechugas de pollo a lo largo
3. Coge una sartén antiadherente y engrásala con spray de cocina
4. Hornear durante 2-3 minutos por cada lado
5. Tome otra sartén y cocine las espinacas y el ajo en aceite durante 3 minutos
6. Coloque el pollo en una bandeja de horno y cubra con espinacas, pimientos asados y mozzarella
7. Hornear hasta que el queso se derrita
8. Que lo disfrutes.

La nutrición:
Calorías: 195
Grasa: 7g

Carbohidratos netos: 3g
Proteínas: 30g

Pechuga de pollo al perejil

Tiempo de preparación: 10 minutos
Tiempo de cocción: 40 minutos
Porciones: 4
Ingredientes

- 1 cucharada de perejil seco
- 1 cucharada de albahaca seca
- 4 mitades de pechuga de pollo, sin hueso y sin piel
- 1/2 cucharadita de sal
- 1/2 cucharadita de copos de pimienta roja triturados
- 2 tomates en rodajas

Direcciones:

1. Precaliente su horno a 350 grados F
2. Coge una fuente de horno de 9x13 pulgadas y engrásala con spray de cocina
3. Espolvoree 1 cucharada de perejil, 1 cucharadita de albahaca y extienda la mezcla sobre su bandeja de horno
4. Dispón las mitades de pechuga de pollo sobre el plato y espolvorea las láminas de ajo por encima
5. Coge un bol pequeño y añade 1 cucharadita de perejil, 1 cucharadita de albahaca, sal, albahaca, pimienta roja y mezcla bien. Vierta la mezcla sobre la pechuga de pollo
6. Cubrir con rodajas de tomate y tapar, hornear durante 25 minutos

---

7. Retire la tapa y hornee durante 15 minutos más

8. Sirve y disfruta.

La nutrición:
Calorías: 150
Grasa: 4g
Carbohidratos: 4g
Proteínas: 25g

Pollo a la mostaza

Tiempo de preparación: 10 minutos
Tiempo de cocción: 40 minutos
Porciones: 4
Ingredientes

- 4 pechugas de pollo
- 1/2 taza de caldo de pollo
- 3-4 cucharadas de mostaza
- 3 cucharadas de aceite de oliva
- 1 cucharadita de pimentón
- 1 cucharadita de chile en polvo
- 1 cucharadita de ajo en polvo

Direcciones:

1. Tome un tazón pequeño y mezcle la mostaza, el aceite de oliva, el pimentón, el caldo de pollo, el ajo en polvo, el caldo de pollo y el chile
2. Añadir la pechuga de pollo y marinarla durante 30 minutos
3. Tome una bandeja para hornear forrada y disponga el pollo
4. Hornear durante 35 minutos a 375 grados Fahrenheit
5. Sirve y disfruta.

La nutrición:
Calorías: 531
Grasa: 23g
Carbohidratos: 10g

Proteínas: 64g

Pollo al balsámico

Tiempo de preparación: 10 minutos
Tiempo de cocción: 25 minutos
Porciones: 6
Ingredientes

- 6 mitades de pechuga de pollo, sin piel y sin hueso
- 1 cucharadita de sal de ajo
- Pimienta negra molida
- 2 cucharadas de aceite de oliva
- 1 cebolla, cortada en rodajas finas
- 14 y 1/2 onzas de tomates, cortados en dados
- 1/2 taza de vinagre balsámico
- 1 cucharadita de albahaca seca
- 1 cucharadita de orégano seco
- 1 cucharadita de romero seco
- 1/2 cucharadita de tomillo seco

Direcciones:

1. Sazone bien ambos lados de las pechugas de pollo con pimienta y sal de ajo
2. Coge una sartén y ponla a fuego medio
3. Añade un poco de aceite y cocina el pollo sazonado durante 3-4 minutos por cada lado hasta que las pechugas estén bien doradas
4. Añadir un poco de cebolla y cocinar durante otros 3-4 minutos hasta que las cebollas se doren
5. Vierte los dados de tomate y el vinagre balsámico sobre el pollo y sazona con un poco de romero, albahaca, tomillo y romero

6. Cocinar a fuego lento el pollo durante unos 15 minutos hasta que ya no esté rosado

7. Tome un termómetro de lectura instantánea y compruebe si la temperatura interna da una lectura de 165 grados Fahrenheit

8. Si la respuesta es afirmativa, ya puede empezar a trabajar.

La nutrición:
Calorías: 196
Grasa: 7g
Carbohidratos: 7g
Proteínas: 23g

Pechuga de pollo griega

Tiempo de preparación: 10 minutos
Tiempo de cocción: 25 minutos
Porciones: 4
Ingredientes

- 4 mitades de pechuga de pollo, sin piel y sin hueso
- 1 taza de aceite de oliva virgen extra
- 1 limón, exprimido
- 2 cucharaditas de ajo machacado
- 1 y 1/2 cucharadita de pimienta negra
- 1/3 de cucharadita de pimentón

Direcciones:

1. Cortar 3 hendiduras en la pechuga de pollo
2. Coge un bol pequeño y bate el aceite de oliva, la sal, el zumo de limón, el ajo, el pimentón, la pimienta y bate durante 30 segundos
3. Coloque el pollo en un recipiente grande y vierta la marinada
4. Frote la marinada por todas partes con la mano
5. Refrigerar durante la noche
6. Precaliente la parrilla a fuego medio y engrase la rejilla
7. Cocine el pollo en la parrilla hasta que el centro ya no esté rosado
8. Sirve y disfruta.

La nutrición:
Calorías: 644
Grasa: 57g
Carbohidratos: 2g

Proteínas: 27g

Pollo a la lechuga con chipotle

Tiempo de preparación: 10 minutos
Tiempo de cocción: 25 minutos
Porciones: 6
Ingredientes

- 1 libra de pechuga de pollo, cortada en tiras
- Un poco de aceite de oliva
- 1 cebolla roja, cortada en rodajas finas
- 14 onzas de tomates
- 1 cucharadita de chipotle picado
- 1/2 cucharadita de comino
- Una pizca de azúcar
- Lechuga según necesidad
- Hojas de cilantro frescas
- Chiles jalapeños, en rodajas
- Rodajas de tomate fresco para decorar
- Gajos de lima

Direcciones:

1. Coge una sartén antiadherente y ponla a fuego medio
2. Añade aceite y caliéntalo
3. Añadir el pollo y cocinar hasta que se dore
4. Mantén el pollo a un lado
5. Añade los tomates, el azúcar, el chipotle y el comino a la misma sartén y cocina a fuego lento durante 25 minutos hasta que tengas una buena salsa

---

6. Añadir el pollo a la salsa y cocinar durante 5 minutos
7. Trasladar la mezcla a otro lugar
8. Utilice envoltorios de lechuga para tomar una porción de la mezcla y sírvala con un chorrito de limón
9. Que lo disfrutes.

La nutrición:
Calorías: 332
Grasa: 15g
Carbohidratos: 13g
Proteínas: 34g

Elegante envoltura de pollo y tocino

Tiempo de preparación: 5 minutos
Tiempo de cocción: 50 minutos
Porciones: 3
Ingredientes

- 8 onzas de pechuga de pollo magra
- 6 rebanadas de tocino
- 3 onzas de queso rallado
- 4 lonchas de jamón

- Direcciones:

1. Cortar la pechuga de pollo en porciones del tamaño de un bocado
2. Ponga el queso rallado sobre las lonchas de jamón
3. Enrolla la pechuga de pollo y las lonchas de jamón en lonchas de bacon
4. Coge una sartén y ponla a fuego medio
5. Añade aceite de oliva y dora el bacon durante un rato
6. Retire los rollos y páselos al horno
7. Hornear durante 45 minutos a 325 grados F
8. Sirve y disfruta.

La nutrición:
Calorías: 275
Grasa: 11g
Carbohidratos: 0.5g
Proteínas: 40g

Tortitas saludables de requesón

Tiempo de preparación: 10 minutos
Tiempo de cocción: 15
Porciones: 1
Ingredientes:

- 1/2 taza de requesón (bajo en grasas)

- 1/3 de taza (aprox. 2 claras de huevo) Claras de huevo

- ¼ de taza de avena

- 1 cucharadita de extracto de vainilla

- Aceite de oliva en spray para cocinar

- 1 cucharada de Stevia (cruda)

- Bayas o mermelada sin azúcar (opcional)

Direcciones:

1. Empieza por coger una batidora y añadir las claras de huevo y el requesón. Añade también el extracto de vainilla, una pizca de stevia y la avena. Palpitar hasta que la consistencia sea bien suave.

2. Coge una sartén antiadherente y engrásala bien con el spray de cocina. Coloca la sartén a fuego lento.

3. Una vez que se haya calentado, saque la mitad de la masa y viértala en la sartén. Cocine durante unos 21/2 minutos por cada lado.

4. Colocar las tortitas cocidas en un plato de servir y cubrirlas con mermelada sin azúcar o bayas.

Nutrición: Calorías: 205 calorías por ración Grasa - 1,5 g, Proteínas - 24,5 g, Carbohidratos - 19 g

Tostada de aguacate y limón

Tiempo de preparación: 10 minutos
Tiempo de cocción: 13 minutos
Raciones: 2
Ingredientes:

- Pan integral - 2 rebanadas

- Cilantro fresco (picado) - 2 cucharadas

- Ralladura de limón - ¼ de cucharadita

- Sal marina fina - 1 pizca

Direcciones:

1. Comienza por coger un bol mediano para mezclar y añadir el aguacate. Utiliza un tenedor para aplastarlo bien.

2. A continuación, añada el cilantro, la ralladura de limón, el zumo de limón, la sal marina y la pimienta de cayena. Mezclar bien hasta que se combinen.

3. Tostar las rebanadas de pan en una tostadora hasta que se doren. Debería tardar unos 3 minutos.

4. Cubra las rebanadas de pan tostado con la mezcla de aguacate y finalice rociando con semillas de chía.

La nutrición:

- Calorías: 72 calorías por porción

- Proteínas - 3,6 g

- Aguacate - 1/2

- Zumo de limón fresco - 1 cucharadita

- Pimienta de Cayena - 1 pizca

- Semillas de chía - ¼ de cucharadita

- Grasa - 1,2 g

- Carbohidratos - 11,6 g

Huevos al horno saludables

Tiempo de preparación: 10 minutos
Tiempo de cocción: 1 hora
Porciones: 6
Ingredientes:

- Aceite de oliva - 1 cucharada

- Ajo - 2 dientes

- Huevos - 8 grandes

- Sal marina - 1/2 cucharadita

- Queso mozzarella rallado (de media grasa) - 3 tazas

- Aceite de oliva en spray

- Cebolla (picada) - 1 mediana

- Hojas de espinacas - 8 onzas

- Mitad y mitad - 1 taza

- Pimienta negra - 1 cucharadita

- Queso feta - 1/2 taza

Direcciones:

1. Comience por calentar el horno a 375F.

2. Coge una fuente de cristal para hornear y engrásala con aceite de oliva en spray. Dispóngalo a un lado.

3. Ahora coge una sartén antiadherente y vierte el aceite de oliva. Coloca la sartén al fuego y deja que se caliente.

4. Inmediatamente después, eche el ajo, las espinacas y la cebolla. Prepare durante unos 5 minutos. Disponga a un lado.

5. Ahora puede coger un bol grande para mezclar y añadir la mitad, los huevos, la pimienta y la sal. Bata bien para combinar.

6. Poner el queso feta y el queso mozzarella picado (reservar 1/2 taza de queso mozzarella para después).

7. Ponga la mezcla de huevos y las espinacas preparadas en la fuente de cristal preparada para hornear. Mezcle bien para combinar. Rocíe el queso reservado por encima.

8. Hornear la mezcla de huevos durante unos 45 minutos.

9. Sacar la bandeja del horno y dejarla reposar durante 10 minutos.

10. Cortar en dados y servir.

La nutrición:
Calorías: 323 calorías por porción
Grasa - 22,3 g

Proteínas - 22,6 g
Carbohidratos - 7,9 g

Avena rápida baja en carbohidratos

Tiempo de preparación: 10 minutos
Tiempo de cocción: 15 minutos
Raciones: 2
Ingredientes:

- Harina de almendra - 1/2 taza

- Harina de lino - 2 cucharadas

- Canela (molida) - 1 cucharadita

- Leche de almendras (sin azúcar) - 11/2 tazas

- Sal - al gusto

- Semillas de chía - 2 cucharadas

- Stevia líquida - 10 - 15 gotas

- Extracto de vainilla - 1 cucharadita

Direcciones:

1. Empiece por coger un bol grande para mezclar y añadir la harina de coco, la harina de almendras, la canela molida, las semillas de lino en polvo y las semillas de chía. Mezclar bien para combinar.

---

2. Poner una olla a fuego lento y añadir los ingredientes secos. Añade también la stevia líquida, el extracto de vainilla y la leche de almendras. Mezclar bien para combinar.

3. Preparar la harina y la leche de almendras durante unos 4 minutos. Añadir sal si es necesario.

4. Pasar la avena a un bol para servir y cubrirla con nueces, semillas y bayas puras y limpias.

La nutrición:
Calorías: calorías por porción
Proteínas - 11,7 g
Grasa - 24,3 g
Carbohidratos - 16,7 g

Revuelto de tofu y verduras

Tiempo de preparación: 10 minutos
Tiempo de cocción: 15 minutos
Raciones: 2
Ingredientes:

- Tofu firme (escurrido) - 16 onzas

- Sal marina - 1/2 cucharadita

- Ajo en polvo - 1 cucharadita

- Cilantro fresco - para decorar

- Cebolla roja - 1/2 mediana

- Comino en polvo - 1 cucharadita

- Zumo de limón - para la cobertura

- Pimiento verde - 1 mediano

- Ajo en polvo - 1 cucharadita

- Cilantro fresco - para decorar

- Cebolla roja - 1/2 mediana

- Comino en polvo - 1 cucharadita

- Zumo de limón - para la cobertura

Direcciones:

1. Comience por preparar los ingredientes. Para ello, hay que extraer las semillas del tomate y del pimiento verde. Tritura la cebolla, el pimiento y el tomate en dados pequeños.

2. Coge un bol pequeño para mezclar y coloca el tofu bastante duro dentro de él. Utilizar las manos para romper el tofu bastante duro. Colóquelo a un lado.

3. Coge una sartén antiadherente y añade la cebolla, el tomate y el pimiento. Mezcla y cocina durante unos 3 minutos.

4. Poner el tofu desmenuzado algo duro a la sartén y combinar bien.

5. Coge un bol pequeño y pon el agua, la cúrcuma, el ajo en polvo, el comino en polvo y el chile en polvo. Combínalo bien y viértelo sobre la mezcla de tofu y verduras.

6. Deje que el tofu y las verduras desmenuzadas se cocinen con el condimento durante 5 minutos. Remover continuamente para que la sartén no retenga los ingredientes.

Rociar el revuelto de tofu con copos de chile y sal. Combine bien.

7. Pasar el revuelto preparado a una fuente de servir y darle un buen chorro de zumo de limón.

8. Finalice adornando con cilantro puro y limpio. Servir en caliente.

Información nutricional:
Calorías: 238 calorías por porción
Carbohidratos - 16,6 g
Grasa - 11 g

Batido de desayuno con bayas frescas

Tiempo de preparación: 10 minutos
Tiempo de cocción: 5 minutos
Raciones: 2
Ingredientes:

- Leche de almendras (sin azúcar) - 1/2 taza

- Cáscara de psilio en polvo - 1/2 cucharadita

- Fresas (picadas) - 2 onzas

- Aceite de coco - 1 cucharada

- Hielo picado - 3 tazas

- Estevia líquida - 5 a 10 gotas

- Proteína de guisante en polvo - 1/3 de taza

Direcciones:

1. Empiece por coger una batidora y añadir los cubitos de hielo triturados. Déjelos reposar durante unos 30 segundos.

2. A continuación, pon la leche de almendras, las fresas ralladas, la proteína de guisante en polvo, la cáscara de psilio en polvo, el aceite de coco y la stevia líquida. Mezcla bien hasta que se convierta en un puré suave y cremoso.

3. Vacíe el batido preparado en 2 vasos.

4. Cubrir con copos de coco y fresas puras y limpias.

La nutrición:
Calorías: 166 calorías por porción
Grasa - 9,2 g
Carbohidratos - 4,1 g
Proteínas - 17,6 g

Pudín de chía y coco

Tiempo de preparación: 10 minutos
Tiempo de cocción: 5 minutos
Raciones: 2
Ingredientes:

- Leche de coco ligera - 7 onzas

- Estevia líquida - 3 a 4 gotas

- Kiwi - 1

- Semillas de chía - ¼ de taza

- Clementina - 1

- Coco rallado (sin azúcar)

Direcciones:

1. Empieza por coger un bol para mezclar y poner la leche de coco light. Ponga la stevia líquida para endulzar la leche. Combine bien.

2. Poner las semillas de chía en la leche y batir hasta que estén bien combinadas. Disponer a un lado.

3. Raspar la clementina y extraer con cuidado la piel de los gajos. Dejar a un lado.

4. Además, raspa el kiwi y córtalo en trozos pequeños.

5. Consiga un recipiente de cristal y reúna el pudín. Para ello, coloque las frutas en el fondo del frasco; luego ponga una porción de pudín de chía. A continuación, rocía las frutas y luego pon otra capa de pudín de chía.

6. Finalice adornando con el resto de las frutas y el coco picado.

La nutrición:
Calorías: 201 calorías por porción
Proteínas - 5,4 g
Grasa - 10 g
Carbohidratos - 22,8 g

Salteado de tomate y calabacín

Tiempo de preparación: 10 minutos
Tiempo de cocción: 43 minutos
Porciones: 6
Ingredientes:

- Aceite vegetal - 1 cucharada

- Tomates (picados) - 2

- Pimiento verde (picado) - 1

- Pimienta negra (recién molida) - al gusto

- Cebolla (en rodajas) - 1

- Calabacín (pelado) - 2 libras y cortado en rodajas de
  1 pulgada de grosor

- Sal - al gusto

- Arroz blanco sin cocer - ¼ de taza

Direcciones:

1. Empieza por coger una sartén antiadherente y
   ponerla a fuego lento. Echar el aceite y dejar que se
   caliente.

Poner las cebollas y rehogarlas durante unos 3 minutos.

2. A continuación, vierta el calabacín y los pimientos verdes. Mezclar bien y condimentar con pimienta negra y sal.

3. Reduce el fuego y cubre la sartén con una tapa. Deja que las verduras se cocinen a fuego lento durante 5 minutos.

4. Mientras tanto, pon el agua y el arroz. Vuelve a poner la tapa y cocina a fuego lento durante 20 minutos.

La nutrición:
Calorías: 94 calorías por porción
Grasa - 2,8 g
Proteínas - 3,2 g
Carbohidratos - 16,1 g

Coles al vapor con aderezo mediterráneo

Tiempo de preparación: 10 minutos
Tiempo de cocción: 25 minutos
Porciones: 6
Ingredientes:

- Col rizada (picada) - 12 tazas

- Aceite de oliva - 1 cucharada

- Salsa de soja - 1 cucharadita

- Pimienta (recién molida) - al gusto

- Zumo de limón - 2 cucharadas

- Ajo (picado) - 1 cucharada

- Sal - al gusto

Direcciones:

1. Consiga una vaporera de gas o una vaporera
   eléctrica y llene el recipiente inferior con agua. Si
   utiliza una vaporera de gas, póngala a fuego alto. Si
   utiliza una vaporera eléctrica, póngala en la
   posición más alta.

2. Inmediatamente después de que el agua empiece a
   hervir, ponga la col rizada desmenuzada y cúbrala
   con una tapa. Hierve durante unos 8 minutos. La
   col rizada debería estar ya tierna.

3. Mientras se hierve la col rizada, coge un bol grande para mezclar y pon el aceite de oliva, el zumo de limón, la salsa de soja, el ajo, la pimienta y la sal. Bata bien para mezclar.

4. Ahora eche la col rizada al vapor y métala con cuidado en el aliño. Asegúrese de que la col rizada quede bien cubierta.

5. Sírvelo mientras esté caliente.

La nutrición:
Calorías: 91 calorías por porción
Grasa - 3,5 g
Proteínas - 4,6 g
Carbohidratos - 14,5 g

Muffins de zanahoria saludables

Tiempo de preparación: 10 minutos
Tiempo de cocción: 40 minutos
Porciones: 8
Ingredientes:
Ingredientes secos

- Almidón de tapioca - ¼ de taza

- Bicarbonato de sodio - 1 cucharadita

- Canela - 1 cucharada

- Clavo de olor - ¼ de cucharadita

- Ingredientes húmedos

- Extracto de vainilla - 1 cucharadita

- Agua - 11/2 tazas

- Zanahorias (ralladas) - 11/2 tazas

- Harina de almendra - 1¾ tazas

- Edulcorante granulado de elección - 1/2 taza

- Polvo de hornear - 1 cucharadita

- Nuez moscada - 1 cucharadita

- Sal - 1 cucharadita

- Aceite de coco - 1/3 de taza

- Harina de lino - 4 cucharadas

- Plátano (triturado) - 1 mediano

Direcciones:

1. Comience por calentar el horno a 350F.

2. Coge una bandeja para magdalenas y coloca los moldes de papel en todos ellos. Colócalos a un lado.

3. Coge un pequeño bol de cristal y pon media taza de agua y harina de lino. Deje que esto repose durante unos 5 minutos. Su huevo de lino está preparado.

4. Coge un bol grande y pon la harina de almendras, el almidón de tapioca, el azúcar granulado, el bicarbonato, la levadura en polvo, la canela, la nuez moscada, el clavo y la sal. Mezclar bien para combinar.

5. Formar un pozo en el centro de la mezcla de harina e incorporar el aceite de coco, el extracto de vainilla y el huevo de lino. Mezclar bien para conformar una masa blanda.

A continuación, añada las zanahorias picadas y el plátano machacado. Mezclar hasta que estén bien combinados.

6. Utiliza una cuchara para repartir la misma cantidad de mezcla en 8 moldes para muffins.

7. Coloque la bandeja de magdalenas en el horno y déjela cocer durante unos 40 minutos.

8. Sacar la bandeja del microondas y dejar reposar las magdalenas durante unos 10 minutos.

9. Extraiga los moldes para magdalenas de la bandeja y déjelos enfriar hasta que alcancen el grado de calor y frío ambiente.

10. Sirve y disfruta.

La nutrición:
Calorías: 189 calorías por porción
Grasa - 13,9 g
Proteínas - 3,8 g
Carbohidratos - 17,3 g

Fideos salteados con verduras

Tiempo de preparación: 10 minutos
Tiempo de cocción: 40 minutos
Porciones: 4
Ingredientes:

- Batata blanca - 1 libra

- Calabacín - 8 onzas

- Dientes de ajo (finamente picados) - 2 grandes

- Caldo de verduras - 2 cucharadas

- Sal - al gusto

- Zanahorias - 8 onzas

- Chalota (finamente picada) - 1

- Guindilla roja (finamente picada) - 1

- Aceite de oliva - 1 cucharada

- Pimienta - al gusto

Direcciones:
1. Comienza desmenuzando las zanahorias y el boniato. Hacer Utiliza un espiralizador para hacer fideos con el boniato y las zanahorias.

2. Enjuaga bien el calabacín y espiralízalo también.

3. Coge una sartén grande y colócala a fuego fuerte. Echa el caldo de verduras y deja que llegue a hervir.

4. Añade el boniato y las zanahorias en espiral. A continuación, pon el chile, el ajo y las chalotas. Remueve todo con unas pinzas y cocina durante unos minutos.

5. Pasar los fideos de verduras a una fuente de servir y condimentar generosamente con pimienta y sal.

6. Finalizar rociando aceite de oliva sobre los fideos. Servir en caliente.

La nutrición:
Calorías: 169 calorías por porción
Grasa - 3,7 g
Proteínas - 3,6 g
Carbohidratos - 31,2 g

Barras de desayuno de bayas y avena

Tiempo de preparación: 10 minutos
Tiempo de cocción: 25 minutos
Porciones: 12
Ingredientes:

- 2 tazas de frambuesas o arándanos frescos

- 2 cucharadas de azúcar

- 2 cucharadas de zumo de limón recién exprimido

- 1 cucharada de almidón de maíz

- 11/2 tazas de copos de avena

- 1/2 taza de harina de trigo integral

- 1/2 taza de nueces

- ¼ de taza de semillas de chía

- ¼ de taza de aceite de oliva virgen extra

- ¼ de taza de miel

- 1 huevo grande

Direcciones:
1. Precalentar el horno a 350f.
2. En una cacerola pequeña a fuego medio, mezcle las bayas, el azúcar, el zumo de limón y la maicena. Llevar a fuego lento. Reduzca el fuego y cocine a fuego lento durante 2 o 3 minutos, hasta que la mezcla se espese.

3. En un procesador de alimentos o una batidora de alta velocidad, combinar la avena, la harina, las nueces y las semillas de chía. Procesar hasta que se conviertan en polvo. Añadir el aceite de oliva, la miel y el huevo. Pulsar un par de veces más, hasta que estén bien combinados. Presione la mitad de la mezcla en un molde cuadrado de 9 pulgadas para hornear.

4. Extender el relleno de bayas sobre la mezcla de avena. 5. Añadir el resto de la mezcla de avena sobre las bayas. Hornear durante 25 minutos, hasta que se dore.

5. Dejar enfriar completamente, cortar en 12 trozos y servir. Guardar en un recipiente tapado hasta 5 días.

Nutrición: calorías: 201; grasa total: 10g; grasa saturada: 1g; proteínas: 5g; carbohidratos: 26g; azúcar: 9g; fibra: 5g; colesterol: 16mg; sodio: 8mg

30 minutos o menos - sin frutos secos - vegetariano

Galletas integrales para el desayuno

Tiempo de preparación: 20 minutos
Tiempo de cocción: 10 minutos
Raciones: 18 galletas
Ingredientes:

- 2 tazas de copos de avena

- 1/2 taza de harina de trigo integral

- ¼ de taza de linaza molida

- 1 cucharadita de polvo de hornear

- 1 taza de compota de manzana sin azúcar

- 2 huevos grandes

- 2 cucharadas de aceite vegetal

- 2 cucharaditas de extracto de vainilla

- 1 cucharadita de canela molida

- 1/2 taza de cerezas secas

- ¼ de taza de coco rallado sin azúcar

- 2 onzas de chocolate negro picado

Direcciones:
1. Precalentar el horno a 350f.
2. En un bol grande, combinar la avena, la harina, la linaza y la levadura en polvo. Remover bien para mezclar.
3. En un bol mediano, bata el puré de manzana, los huevos, el aceite vegetal, la vainilla y la canela. Vierta la mezcla húmeda en la mezcla seca, y revuelva hasta que se combinen.

4. Incorporar las cerezas, el coco y el chocolate. Dejar caer bolas de masa del tamaño de una cucharada en una bandeja para hornear. Hornear de 10 a 12 minutos, hasta que estén doradas y cocidas.

5. Dejar enfriar durante unos 3 minutos, retirar de la bandeja de hornear y enfriar completamente antes de servir. Guardar en un recipiente hermético hasta 1 semana.

Nutrición: calorías: 136; grasa total: 7g; grasa saturada: 3g; proteínas: 4g; carbohidratos: 14g; azúcar: 4g; fibra: 3g; colesterol: 21mg; sodio: 11mg

Pastel de desayuno de arándanos

Tiempo de preparación: 15 minutos
Tiempo de cocción: 45 minutos
Porciones: 12
Ingredientes:
Para la cobertura

- ¼ de taza de nueces finamente picadas

- 1/2 cucharadita de canela molida

- 2 cucharadas de mantequilla picada en trozos pequeños

- 2 cucharadas de azúcar

Para la tarta

- Spray antiadherente para cocinar

- 1 taza de harina integral de repostería

- 1 taza de harina de avena

- ¼ de taza de azúcar

- 2 cucharaditas de polvo de hornear

- 1 huevo grande, batido

- 1/2 taza de leche desnatada

- 2 cucharadas de mantequilla derretida

- 1 cucharadita de cáscara de limón rallada

- 2 tazas de arándanos frescos o congelados

Direcciones:
Para hacer la cobertura

En un bol pequeño, mezcle las nueces, la canela, la mantequilla y el azúcar. Reservar.

Para hacer la tarta

1. Precalentar el horno a 350f. Rocíe un molde cuadrado de 9 pulgadas con aceite en aerosol. Ponga a un lado.
2. En un bol grande, mezcle la harina de repostería, la harina de avena, el azúcar y la levadura en polvo.
3. Añadir el huevo, la leche, la mantequilla y la piel de limón, y remover hasta que no haya puntos secos.
4. Añadir los arándanos y mezclar suavemente hasta que se incorporen. 5. Presionar la masa en el molde preparado, usando una cuchara para aplanarla en el plato.
5. Espolvorear la cobertura sobre el pastel.
6. Hornear de 40 a 45 minutos, hasta que un palillo insertado en el pastel salga limpio, y servir.

Nutrición: calorías: 177; grasa total: 7g; grasa saturada: 3g; proteínas: 4g; carbohidratos: 26g; azúcar: 9g; fibra: 3g; colesterol: 26mg; sodio: 39mg

Tortitas integrales

Tiempo de preparación: 10 minutos
Tiempo de cocción: 15 minutos
Raciones: 4 a 6
Ingredientes:

- 2 tazas de harina integral de repostería

- 4 cucharaditas de levadura en polvo

- 2 cucharaditas de canela molida

- 1/2 cucharadita de sal

- 2 tazas de leche descremada, más la necesaria

- 2 huevos grandes

- 1 cucharada de miel

- Spray antiadherente para cocinar

- Jarabe de arce, para servir

- Fruta fresca, para servir

Direcciones:
1. En un bol grande, mezcle la harina, la levadura en polvo, la canela y la sal.
2. Añadir la leche, los huevos y la miel, y remover bien para combinar. Si es necesario, añada más leche, 1 cucharada cada vez, hasta que no haya puntos secos y tenga una masa vertible.
3. Calienta una sartén grande a fuego medio-alto y rocíala con spray de cocina.

4. Con una taza medidora de ¼ de taza, vierta 2 o 3 tortitas en la sartén a la vez. Cocinar durante un par de minutos, hasta que se formen burbujas en la superficie de las tortitas, darles la vuelta y cocinarlas de 1 a 2 minutos más, hasta que se doren y estén bien hechas. Repita la operación con el resto de la masa.

5. Servir con sirope de arce o fruta fresca.

Nutrición: calorías: 392; grasa total: 4g; grasa saturada: 1g; proteínas: 15g; carbohidratos: 71g; azúcar: 11g; fibra: 9g; colesterol: 95mg; sodio: 396mg

Tazón de desayuno con lechada de trigo sarraceno

Tiempo de preparación: 5 minutos, más una noche de remojo
Tiempo de cocción: de 10 a 12 minutos
Porciones: 4
Ingredientes:

- 3 tazas de leche desnatada

- 1 taza de lechada de trigo sarraceno

- ¼ de taza de semillas de chía

- 2 cucharaditas de extracto de vainilla

- 1/2 cucharadita de canela molida

- Pizca de sal

- 1 taza de agua

- 1/2 taza de pistachos sin sal

- 2 tazas de fresas frescas cortadas en rodajas

- ¼ de taza de nibs de cacao (opcional)

Direcciones:
1. En un bol grande, mezcle la leche, los granos, las semillas de chía, la vainilla, la canela y la sal. Cubrir y refrigerar durante la noche.
2. A la mañana siguiente, transfiera la mezcla remojada a una olla mediana y añada el agua. Llevar a ebullición a fuego medio-alto, reducir el fuego para mantener una cocción a fuego lento, y cocinar durante 10 a 12 minutos, hasta que el trigo sarraceno esté tierno y espeso.

3. Pasar a tazones y servir, coronado con los pistachos, las fresas y los nibs de cacao (si se usan).
Nutrición: calorías: 340; grasa total: 8g; grasa saturada: 1g; proteínas: 15g; carbohidratos: 52g; azúcar: 14g; fibra: 10g; colesterol: 4mg; sodio: 140mg

Pastel de muesli de melocotón

Tiempo de preparación: 10 minutos
Tiempo de cocción: 40 minutos
Porciones: 8
Ingredientes:

- Spray antiadherente para cocinar

- 2 tazas de leche desnatada

- 11/2 tazas de copos de avena

- 1/2 taza de nueces picadas

- 1 huevo grande

- 2 cucharadas de jarabe de arce

- 1 cucharadita de canela molida

- 1 cucharadita de polvo de hornear

- 1/2 cucharadita de sal

- 2 ó 3 melocotones, cortados en rodajas

Direcciones:
1. Precalentar el horno a 375f. Rocíe un plato para hornear cuadrado de 9 pulgadas con aceite en aerosol. Ponga a un lado.

2. En un bol grande, mezcle la leche, la avena, las nueces, el huevo, el jarabe de arce, la canela, la levadura en polvo y la sal. Repartir la mitad de la mezcla en la fuente de horno preparada.

3. Colocar la mitad de los melocotones en una sola capa sobre la mezcla de avena.

4. Repartir el resto de la mezcla de avena por encima. 5. Añadir los melocotones restantes en una fina capa sobre la avena. Hornear de 35 a 40 minutos, sin tapar, hasta que se espese y se dore.

5. Cortar en 8 cuadrados y servir caliente.

Nutrición: calorías: 138; grasa total: 3g; grasa saturada: 1g; proteínas: 6g; carbohidratos: 22g; azúcar: 10g; fibra: 3g; colesterol: 24mg; sodio: 191mg

Bol de avena con fruta y frutos secos

Tiempo de preparación: 5 minutos
Tiempo de cocción: 20 minutos
Porciones: 4
Ingredientes:

- 1 taza de avena cortada con acero

- 2 tazas de leche de almendras

- ¾ de taza de agua

- 1 cucharadita de canela molida

- ¼ de cucharadita de sal

- 2 tazas de fruta fresca picada, como arándanos, fresas, frambuesas o melocotones

- 1/2 taza de nueces picadas

- ¼ de taza de semillas de chía

Direcciones:
1. En una cacerola mediana a fuego medio-alto, combinar la avena, la leche de almendras, el agua, la canela y la sal. Llevar a ebullición, reducir el fuego a bajo y cocer a fuego lento de 15 a 20 minutos, hasta que la avena se ablande y espese.
2. Cubra cada bol con 1/2 taza de fruta fresca, 2 cucharadas de nueces y 1 cucharada de semillas de chía antes de servir.
Nutrición: calorías: 288; grasa total: 11g; grasa saturada: 1g; proteínas: 10g; carbohidratos: 38g; azúcar: 7g; fibra: 10g; colesterol: 0mg; sodio: 329mg

Panqueque holandés integral

Tiempo de preparación: 5 minutos
Tiempo de cocción: 25 minutos
Porciones: 4
Ingredientes:

- 2 cucharadas de aceite de coco

- 1/2 taza de harina de trigo integral

- ¼ de taza de leche desnatada

- 3 huevos grandes

- 1 cucharadita de extracto de vainilla

- 1/2 cucharadita de polvo de hornear

- ¼ de cucharadita de sal

- ¼ de cucharadita de canela molida

- Azúcar en polvo, para espolvorear

Direcciones:
1. Precalentar el horno a 400f.
2. Poner el aceite de coco en una sartén mediana apta para el horno, y colocar la sartén en el horno para derretir el aceite mientras se precalienta.
3. En una batidora, combinar la harina, la leche, los huevos, la vainilla, la levadura en polvo, la sal y la canela. Procesar hasta que quede suave.
4. Retire con cuidado la sartén del horno e inclínela para que el aceite se distribuya uniformemente.
5. Vierta la masa en la sartén y vuelva a meterla en el horno de 23 a 25 minutos, hasta que la tortita se hinche y se dore ligeramente.

6. Retirar, espolvorear ligeramente con azúcar en polvo, cortar en 4 cuñas y servir.

Nutrición: calorías: 195; grasa total: 11g; grasa saturada: 7g; proteínas: 8g; carbohidratos: 16g; azúcar: 1g; fibra: 2g; colesterol: 140mg; sodio: 209mg

Frittata de champiñones, calabacín y cebolla

Tiempo de preparación: 10 minutos
Tiempo de cocción: 20 minutos
Porciones: 4
Ingredientes:

- 1 cucharada de aceite de oliva virgen extra

- 1/2 cebolla picada

- 1 calabacín mediano, picado

- 11/2 tazas de champiñones cortados en rodajas

- 6 huevos grandes, batidos

- 2 cucharadas de leche desnatada

- Sal

- Pimienta negra recién molida

- 1 onza de queso feta desmenuzado

Direcciones:
1. Precalentar el horno a 400f.
2. En una sartén mediana apta para el horno, a fuego medio-alto, calentar el aceite de oliva.
3. Añadir la cebolla y rehogar de 3 a 5 minutos, hasta que esté transparente.
4. Añadir el calabacín y los champiñones, y cocinar de 3 a 5 minutos más, hasta que las verduras estén tiernas.
5. Mientras tanto, en un bol pequeño, bata los huevos, la leche, la sal y la pimienta. Vierta la mezcla en la sartén, removiendo para combinar, y transfiera la sartén al horno. Cocinar de 7 a 9 minutos, hasta que se cuaje.
6. Espolvorear con el queso feta, y cocinar durante 1 o 2 minutos más, hasta que se caliente.
7. Retirar, cortar en 4 cuñas y servir.

Nutrición: calorías: 178; grasa total: 13g; grasa saturada: 4g; proteínas: 12g; carbohidratos: 5g; azúcar: 3g; fibra: 1g; colesterol: 285mg; sodio: 234mg

Quiche de espinacas y queso

Tiempo de preparación: 10 minutos, más 10 minutos de reposo
Tiempo de cocción: 50 minutos
Raciones: 4 a 6
Ingredientes:

- Spray antiadherente para cocinar

- 8 onzas de patatas yukon gold, ralladas

- 1 cucharada más 2 cucharaditas de aceite de oliva virgen extra, divididas

- 1 cucharadita de sal, dividida

- Pimienta negra recién molida

- 1 cebolla finamente picada

- 1 bolsa (10 onzas) de espinacas frescas

- 4 huevos grandes

- 1/2 taza de leche desnatada

- 1 onza de queso gruyère, rallado

Direcciones:
1. Precalentar el horno a 350f. Rocíe un molde para tartas de 9 pulgadas con aceite en aerosol. Ponga a un lado.
2. En un cuenco pequeño, mezclar las patatas con 2 cucharaditas de aceite de oliva, 1/2 cucharadita de sal y sazonar con pimienta. Presionar las patatas en el fondo y los lados del molde para formar una capa fina y uniforme. Hornear durante 20 minutos, hasta que se doren. Retirar del horno y dejar enfriar.

3. En una sartén grande a fuego medio-alto, calentar la cucharada restante de aceite de oliva.

4. Añadir la cebolla y rehogar de 3 a 5 minutos, hasta que se ablande.

5. Añadir las espinacas a puñados, removiendo entre cada adición, hasta que empiecen a marchitarse antes de añadir más. Cocine durante aproximadamente 1 minuto, hasta que se cocine.

6. En un bol mediano, bata los huevos y la leche. Añadir el gruyère, y sazonar con la 1/2 cucharadita de sal restante y un poco de pimienta. Incorporar los huevos a las espinacas. Verter la mezcla en el molde y hornear durante 25 minutos, hasta que los huevos estén cuajados.

7. Dejar reposar 10 minutos antes de servir.

Nutrición: calorías: 445; grasa total: 14g; grasa saturada: 4g; proteínas: 19g; carbohidratos: 68g; azúcar: 6g; fibra: 7g; colesterol: 193mg; sodio: 773mg

Almuerzo

Hamburguesas de salmón al limón

Tiempo de preparación: 10 minutos
Tiempo de cocción: 10 minutos
Porciones: 4
Ingredientes

- 2 latas (3 onzas) de salmón rosado sin piel y sin espinas
- 1/4 de taza de pan rallado panko
- 4 cucharaditas de zumo de limón
- 1/4 de taza de pimiento rojo
- 1/4 de taza de yogur sin azúcar
- 1 huevo
- 2 (1.5-oz) panes de hamburguesa integrales tostados

Direcciones

1. Mezclar el salmón escurrido y desmenuzado, el pimiento picado y el pan rallado.

2. Combine 2 cucharadas de yogur sin azúcar, 3 cucharaditas de zumo de limón fresco y el huevo en un bol. Formar la mezcla en 2 hamburguesas (de 3

pulgadas), hornear en la sartén a fuego medio de 4 a
5 minutos por lado.

3. Mezcle 2 cucharadas de yogur sin azúcar y 1
cucharadita de zumo de limón; extiéndalo sobre las
mitades inferiores de los bollos.

4. Coloque una hamburguesa en cada uno y cubra con
las tapas de los panecillos.

Este plato es muy apetecible.

La nutrición:

Calorías 131 / Proteínas 12 / Grasas 1 g / Carbohidratos 19 g

Hamburguesas de pavo Caprese

Tiempo de preparación 10 minutos
Tiempo de cocción: 10 minutos
Porciones: 4
Ingredientes

- 1/2 libra de pavo molido sin grasa al 93%
- 2 panecillos de hamburguesa integrales (de 1,5 onzas) (tostados)
- 1/4 de taza de queso mozzarella rallado (semidesnatado)
- 1 huevo
- 1 tomate grande
- 1 diente de ajo pequeño
- 4 hojas grandes de albahaca
- 1/8 cucharadita de sal
- 1/8 cucharadita de pimienta

Direcciones

1. Combine el pavo, el huevo blanco, el ajo picado, la sal y la pimienta (mezcle hasta que se combinen);

2. Formar 2 chuletas. Poner las chuletas en una sartén; cocinar de 5 a 7 minutos por lado.

3. Cubra las chuletas adecuadamente con queso y rodajas de tomate al final de la cocción.

4. Poner 1 chuleta en el fondo de cada bollo.

5. Cubra cada hamburguesa con 2 hojas de albahaca. Cubrir con las tapas de los panecillos.

Mis invitados disfrutan de este plato cada vez que visitan mi casa.
La nutrición:
Calorías 180 / Proteínas 7 g / Grasas 4 g / Carbohidratos 20 g

Ensalada de pasta

Tiempo de preparación: 15 minutos
Tiempo de cocción: 15 minutos
Porciones: 4
Ingredientes

- 8 oz. de pasta integral
- 2 tomates
- 1 (5-oz) paquete de mezcla de primavera
- 9 rebanadas de tocino
- 1/3 de taza de mayonesa (reducida en grasas)
- 1 cucharada de mostaza de Dijon
- 3 cucharadas de vinagre de sidra de manzana
- 1/4 de cucharadita de sal
- 1/2 cucharadita de pimienta

Direcciones

1. Cocinar la pasta.

2. Pasta fría, tomates picados y mezcla de primavera en un bol.

3. Desmenuzar el tocino cocido sobre la pasta.

4. Combine la mayonesa, la mostaza, el vinagre, la sal y la pimienta en un bol pequeño.

5. Vierta el aderezo sobre la pasta, removiendo para cubrirla.

Comprender la diabetes es el primer paso para curarla.
La nutrición:
Calorías 200 / Proteínas 15 g / Grasas 3 g / Carbohidratos 6 g

Ensalada de pollo, fresas y aguacate

Tiempo de preparación: 10 minutos
Tiempo de cocción: 5 minutos

Ingredientes

- 1,5 tazas de pollo (sin piel)
- 1/4 de taza de almendras
- 2 paquetes (5 onzas) de verduras para ensalada
- 1 paquete (16 onzas) de fresas
- 1 aguacate
- 1/4 de taza de cebolla verde
- 1/4 de taza de zumo de lima
- 3 cucharadas de aceite de oliva virgen extra
- 2 cucharadas de miel
- 1/4 de cucharadita de sal
- 1/4 de cucharadita de pimienta

Direcciones

1. Tostar las almendras hasta que estén doradas y fragantes.

2. Mezclar el zumo de lima, el aceite, la miel, la sal y la pimienta.

3. Mezcle las verduras, las fresas en rodajas, el pollo, el aguacate en dados, la cebolla verde en rodajas y las almendras en rodajas; rocíe con el aderezo. Mezclar para cubrir.

¡Qué rico!
La nutrición:

Calorías 150 / Proteínas 15 g / Grasas 10 g / Carbohidratos 5 g

Huevos con limón y tomillo

Tiempo de preparación: 10 minutos
Tiempo de cocción: 5 minutos
Porciones: 4
Ingredientes

- 7 huevos grandes
- 1/4 de taza de mayonesa (reducida en grasas)
- 2 cucharaditas de zumo de limón
- 1 cucharadita de mostaza de Dijon
- 1 cucharadita de tomillo fresco picado
- 1/8 cucharadita de pimienta de cayena

Direcciones

1. Poner a hervir los huevos.

2. Pelar y cortar cada huevo por la mitad a lo largo.

3. Sacar las yemas a un bol. Añadir la mayonesa, el zumo de limón, la mostaza, el tomillo y la cayena a las yemas de huevo; triturar para mezclar. Rellenar las mitades de las claras con la mezcla de las yemas.

4. Enfríe hasta que esté listo para servir.

Complazca a su familia con una deliciosa comida.
La nutrición:
Calorías 40 / Proteínas 10 g / Grasas 6 g / Carbohidratos 2 g

Ensalada de espinacas con bacon

Tiempo de preparación: 15 minutos
Tiempo de cocción: 0 minutos
Porciones: 4
Ingredientes

- 8 rebanadas de tocino cortado en el centro
- 3 cucharadas de aceite de oliva virgen extra
- 1 paquete (5 onzas) de espinacas tiernas
- 1 cucharada de vinagre de sidra de manzana
- 1 cucharadita de mostaza de Dijon
- 1/2 cucharadita de miel
- 1/4 de cucharadita de sal
- 1/2 cucharadita de pimienta

Direcciones

1. Mezclar en un bol el vinagre, la mostaza, la miel, la sal y la pimienta.

2. Bata el aceite. Poner las espinacas en un bol, rociarlas con el aliño y removerlas para cubrirlas.

3. Espolvorear con tocino cocido y desmenuzado.

La nutrición:
Calorías 110 / Proteínas 6 g / Grasas 2 g / Carbohidratos 1 g

Sopa de guisantes y coles

Tiempo de preparación: 10 minutos
Tiempo de cocción: 50 minutos
Porciones: 4
Ingredientes

- 1/2 paquete (16 onzas) de guisantes de ojo negro
- 1 cebolla
- 2 zanahorias
- 1,5 tazas de jamón (bajo en sodio)
- 1 manojo (de 1 libra) de berza (recortada)
- 1 cucharada de aceite de oliva virgen extra
- 2 dientes de ajo
- 1/2 cucharadita de pimienta negra
- Salsa picante

Direcciones

1. Cocinar la cebolla y las zanahorias picadas 10 minutos.

2. Añade los guisantes, el jamón en dados, las berzas y el ajo picado. Cocine 5 minutos.

3. Añadir el caldo, 3 tazas de agua y la pimienta. Llevar a ebullición; cocer a fuego lento 35 minutos, añadiendo agua si es necesario.

Servir con la salsa favorita.
La nutrición:
Calorías 86 / Proteínas 15 g / Grasas 2 g / Carbohidratos 9 g

Guiso español

Tiempo de preparación: 10 minutos
Tiempo de cocción: 25 minutos
Porciones: 4
Ingredientes

- 1.1/2 (12-oz) paquete de salchichas de pollo ahumadas
- 1 paquete (5 onzas) de espinacas tiernas
- 1 lata (15 onzas) de garbanzos
- 1 lata (14,5 onzas) de tomates con albahaca, ajo y orégano
- 1/2 cucharadita de pimentón ahumado
- 1/2 cucharadita de comino
- 3/4 de taza de cebollas
- 1 cucharada de aceite de oliva virgen extra

Direcciones

1. Cocinar las salchichas en rodajas en aceite caliente hasta que se doren. Retirar de la olla.

2. Añadir las cebollas picadas; cocinar hasta que estén tiernas.

3. Agregue la salchicha, los garbanzos escurridos y enjuagados, los tomates en cubos, el pimentón y el comino molido. Cocine 15 minutos.

4. Añada las espinacas; cocine de 1 a 2 minutos.

Este plato es ideal para todos los días y para una mesa festiva.
La nutrición:
Calorías 200 / Proteínas 10 g / Grasas 20 g / Carbohidratos 1 g

Sopa de tacos cremosa

Tiempo de preparación: 10 minutos
Tiempo de cocción: 20 minutos
Porciones: 4
Ingredientes
- 3/4 de libra de solomillo molido
- 1/2 (8-oz) de queso crema
- 1/2 cebolla
- 1 diente de ajo
- 1 lata (10 onzas) de tomates y chiles verdes
- 1 lata (14,5 onzas) de caldo de carne
- 1/4 de taza de crema de leche
- 1,5 cucharadita de comino
- 1/2 cucharadita de chile en polvo

Direcciones
1. Cocine la carne, la cebolla picada y el ajo picado hasta que la carne esté dorada y desmenuzada; escúrrala y vuelva a ponerla en la olla.
2. Agregue el comino molido, el chile en polvo y el queso crema cortado en trozos pequeños y ablandado, revolviendo hasta que el queso se derrita.
3. Añada los tomates cortados en dados, el caldo y la nata; lleve a ebullición y cueza a fuego lento durante 10 minutos. Sazone con pimienta y sal al gusto.

¡Tienes que darle a alguien la receta de este plato de sopa!
La nutrición:
Calorías 60 / Proteínas 3 g / Grasas 1 g / Carbohidratos 8 g

Pollo con Salsa Caprese

Tiempo de preparación: 15 minutos
Tiempo de cocción: 5 minutos
Porciones: 4
Ingredientes

- 3/4 de libra de pechugas de pollo deshuesadas y sin piel
- 2 tomates grandes
- 1/2 bola (8 onzas) de queso mozzarella fresco
- 1/4 de taza de cebolla roja
- 2 cucharadas de albahaca fresca
- 1 cucharada de vinagre balsámico
- 2 cucharadas de aceite de oliva virgen extra (divididas)
- 1/2 cucharadita de sal (dividida)
- 1/4 de cucharadita de pimienta (dividida)

Direcciones

1. Espolvorear el pollo cortado por la mitad a lo largo con 1/4 de cucharadita de sal y 1/8 de cucharadita de pimienta.

2. Caliente 1 cucharada de aceite de oliva, cocine el pollo 5 minutos.

3. Mientras tanto, mezcle los tomates picados, el queso en dados, la cebolla finamente picada, la albahaca picada, el vinagre, 1 cucharada de aceite y 1/4 de cucharadita de sal y 1/8 de pimienta.

4. Coloque la salsa sobre el pollo.

El pollo con salsa caprese es un plato nutritivo, sencillo y muy sabroso que se puede preparar en pocos minutos.

La nutrición:

Calorías 210 / Proteínas 28 g / Grasas 17 g / Carbohidratos 0, 1 g

Brócoli asado al balsámico

Tiempo de preparación: 10 minutos
Tiempo de cocción: 15 minutos
Porciones: 4
Ingredientes

- 1 libra de brócoli
- 1 cucharada de aceite de oliva virgen extra
- 1 cucharada de vinagre balsámico
- 1 diente de ajo
- 1/8 cucharadita de sal
- Pimienta al gusto

Direcciones

1. Precalentar el horno a 450F.

2. Combine el brócoli, el aceite de oliva, el vinagre, el ajo picado, la sal y la pimienta; mezcle.

3. Extienda el brócoli en una bandeja para hornear.

4. Hornear de 12 a 15 minutos.

Muy bueno.
La nutrición:
Calorías 27 / Proteínas 3 g / Grasas 0, 3 g / Carbohidratos 4 g

Sopa de carne y verduras

Tiempo de preparación: 10 minutos

Tiempo de cocción: 30 minutos

Porciones: 4

Ingredientes

- 1/2 libra de carne picada magra
- 2 tazas de caldo de carne
- 1,5 cucharadas de aceite vegetal (divididas)
- 1 taza de pimiento verde
- 1/2 taza de cebolla roja
- 1 taza de col verde
- 1 taza de verduras mixtas congeladas
- 1/2 lata de tomates
- 1,5 cucharaditas de salsa Worcestershire
- 1 hoja de laurel pequeña
- 1,8 cucharadita de pimienta
- 2 cucharadas de ketchup

Direcciones

1. Cocinar la carne en 1/2 cucharada de aceite caliente 2 minutos.

2. Incorpore el pimiento picado y la cebolla picada; cocine 4 minutos.

3. Añadir la col picada, las verduras mixtas, los tomates guisados, el caldo, la salsa Worcestershire, la hoja de laurel y la pimienta; llevar a ebullición.

4. Reduzca el fuego a medio; tape y cocine 15 minutos.

5. Incorpore el ketchup y 1 cucharada de aceite, y retire del fuego. Deje reposar 10 minutos.

La dieta adecuada es un excelente remedio para la diabetes.

La nutrición:

Calorías 170 / Proteínas 17 g / Grasas 8 g / Carbohidratos 3 g

Muffin de coliflor

Tiempo de preparación: 15 minutos
Tiempo de cocción: 30 minutos
Porciones: 4
Ingredientes

- 2,5 tazas de coliflor
- 2/3 de taza de jamón
- 2,5 tazas de queso
- 2/3 de taza de champiñón
- 1,5 cucharadas de linaza
- 3 huevos
- 1/4 de cucharadita de sal
- 1/8 cucharadita de pimienta

Direcciones

1. 1. Precaliente el horno a 375 F.

2. Poner forros para muffins en un molde de 12 muffins.

3. Combine la coliflor en dados, la linaza molida, los huevos batidos, la taza de jamón en dados, el queso rallado y los champiñones en dados, sal y pimienta.

4. Divida la mezcla correctamente entre los moldes para magdalenas.

5. Hornear 30 minutos.

Este es un gran almuerzo para toda la familia.
La nutrición:
Calorías 116 / Proteínas 10 g / Grasas 7 g / Carbohidratos 3 g

CPSIA information can be obtained
at www.ICGtesting.com
Printed in the USA
BVHW092053190421
605311BV00002B/58

9 781801 755337